Sociolingüística, Historia de la Lengua y Lexicografía. Artículos

Rosabel Mora Sánchez

Sociolingüística, Historia de la Lengua y Lexicografía
Rosabel Mora Sánchez

Editado por:
CULTIVA LIBROS
Lantia Publishing S.L.
C/ Méndez Álvaro 18 2ª Pl.
Madrid 28045
España
912049636
www.cultivalibros.com
info@cultivalibros.com

Impreso en España
ISBN: 9781629341354
Depósito Legal: SE 3736-2013

Maquetación, diseño y producción: Cultiva Libros

Índice

Sociolingüística, Historia de la Lengua y Lexicografía. Artículos

Presentación

En esta obra se presentan tres artículos que son fruto de la investigación sobre diferentes cuestiones lingüísticas. En el primero de ellos, "Lengua y género", nos preguntamos sobre la existencia de un lenguaje propio de las mujeres y un lenguaje propio de los hombres. En este trabajo se ofrece una reflexión sobre las distintas posturas de la crítica respecto a este tema y se aportan datos de los posibles rasgos lingüísticos específicos de cada género. Se nos plantea la duda de si estas diferencias son realmente lingüísticas o son consecuencia de unos prejuicios sociales arraigados en nuestra tradición.

El siguiente trabajo, "El Romaní", traza una panorámica de la historia del Romaní, la lengua de los gitanos. Para ello, se ofrecen las recensiones y comentarios de cuatro artículos de capital importancia sobre esta lengua. Gracias a ellos conoceremos mejor el origen, la evolución y la actual situación del Romaní.

El trabajo que cierra el libro es el que presenta la "Historia del cultismo *adamantino*". Se basa en el estudio lexicográfico de este vocablo. Mediante la información que nos proporcionan el CORDE y el CREA, así como la documentación lexicográfica de la palabra, valoraremos todos los datos obtenidos y se trazaremos su evolución a lo largo del tiempo.

LENGUA Y GÉNERO

0. Introducción

El presente trabajo pretende reflexionar sobre las diferencias existentes en el empleo de la lengua por parte de las mujeres, frente al uso de la misma por parte de los hombres. Para ello nos basaremos en diversos estudios sociolingüísticos, que nos servirán como referente, con el fin de tratar estas interesantes cuestiones. Intentaremos, asimismo deslindar aquellas afirmaciones que solamente corresponden a creencias populares extendidas en la sociedad sin ninguna base científica y aquellas otras que sí responden a verdaderos rasgos lingüísticos basados en estudios fundamentados y contrastados.

1. Diferencias entre *género* y *sexo*

En primer lugar, debemos empezar dejando claros los conceptos de *género* y *sexo*. Como apunta Humberto López Morales (2004: 122, 123), la diferenciación de estos dos términos no se realiza hasta la década de los 70 en los estudios de sociolingüística, sin embargo, en la actualidad se establece una clara frontera entre ellos. Mientras que el *sexo* hace referencia a las diferencias biológicas existentes entre hombres y mujeres, el *género* alude a las diferencias sociales y culturales entre ellos. Por lo tanto, queda claro que a la sociolingüística le interesan los estudios basados en el *género* y no en el *sexo*. También Suzanne Romaine alude a estos conceptos (1996: 125-130), para señalar que lo que realmente interesa a la sociolingüística es un estudio basado en las diferencias producidas por el entorno cultural y no las basadas en una dimensión biológica.

2. ¿Habla de mujeres y habla de hombres?

Aclaradas estas cuestiones terminológicas, debemos decir que los estudios sobre la variación lingüística fundamentados en el género han existido desde siempre, sin embargo, desde los últimos años han aumentado de manera considerable, sobre todo para matizar algunos tópicos extendidos y aceptados en la sociedad que sostienen que las mujeres tienen una manera de hablar conservadora, insegura, sensible, etc., frente a los hombres que presentarían un tipo de habla independiente, competitiva y jerárquica (López Morales, 2004: 123). Esta proliferación de estudios sobre el tema que nos ocupa, se debe, por un lado, a los intereses de los sociolingüistas, y, por otro, al movimiento feminista, tanto en Estados Unidos como en Europa (García Mouton, 2000: 7).

Por lo tanto, si es un tema que ha llamado la atención de numerosos estudiosos, la primera pregunta que debemos hacernos es aquella con la que abre su libro Pilar García Mouton (2000): "¿Por qué preguntarse por el lenguaje de los hombres o por el lenguaje de las mujeres?". Y es que este tipo de estudios nos hacen presuponer, como punto de partida, que hombres y mujeres utilizan lenguajes distintos. Estas diferencias se han estudiado desde diversas disciplinas, ya que, en realidad es una cuestión que presenta múltiples puntos de vista.

Fueron los antropólogos los que llamaron la atención sobre ellas, cuando señalaron en comunidades alejadas de las nuestras, usos distintos del idioma en cada uno de los dos sexos. Por ejemplo, según algunos de los primeros estudios, en la isla del Caribe, los hombres hablan caribe mientras que las mujeres hablan arahuaco. Esto ocurre en sociedades en las que el mundo del hombre y el de la mujer están muy separados. Sin embargo, en las comunidades occidentales se suelen presentar estratificaciones muy débiles (López Morales, 2004: 124).

Junto con los antropólogos, los dialectólogos han observado también que las mujeres y los hombres no se comportan igual desde el punto de vista lingüístico. Se han señalado (García Mouton, 2000: 9) como principales causas de las diferencias:

a) la estructura de las lenguas (en lenguas como el japonés hombres y mujeres usan diferentes sufijos en determinados casos);

b) la fuerza del tabú (las mujeres tienen prohibido pronunciar algunas palabras);

c) la forma de vivir (en sociedades en las que la mujer no tiene contacto con el mundo exterior, desconoce otras lenguas así como posibles innovaciones externas).

A continuación vamos a hacer referencia a algunas de las características fundamentales que se observan en el empleo de la lengua por parte de hombres y de mujeres; sin embargo, debemos realizar antes una diferenciación básica entre lo que se considera *estereotipo* y lo que realmente es una *marca de habla* (García Mouton, 2000: 59).

3. Estereotipos y marcas de habla

En cuanto a los *estereotipos,* tienen relación con los rasgos lingüísticos supuestos, mientras que las *marcas de habla* son los rasgos reales y comprobados, según establece Philip M. Smith. Por tanto, estas últimas son las que realmente nos interesan en el terreno propiamente lingüístico. No obstante, procederemos a comentar los rasgos estereotípicos que se les han asignado tanto a los hombres como a las mujeres ya que, en muchos casos nos ayudarán a discernir cuáles son las falsas creencias y cuáles son los datos empíricos, contrastados y verdaderos.

Así pues, si hablamos de *estereotipos,* necesariamente tenemos que aludir a aquellos patrones creados por la cultura y asignados a los hombres y a las mujeres ya en la educación impartida desde los primeros años. En la mayoría de las sociedades, incluyendo la nuestra, se les asignan papeles diferentes a los hombres y a las mujeres. Es relativamente reciente el hecho de que se intente educar a los dos géneros por igual y, en muchos de los casos no se suele conseguir de manera totalmente equiparable. El distinto tipo de educación que se ha ido dando tradicionalmente a unos y otros responde a las diferentes expectativas que se tienen de ellos en la sociedad. Si de las mujeres se espera que se dediquen a cuestiones puramente domésticas y religiosas, y de los hombres es esperable que se ocupen del trabajo y de las relaciones sociales fuera de casa, necesitarán un tipo de lenguaje diferente. Este ha sido el razonamiento tradicional que se ha seguido a lo largo de la historia en un mundo dominado por el hombre, según se opina desde posturas feministas. Estas últimas sostienen que el lenguaje es "hecho *por* los varones y *para* los varones" (Romaine, 1996: 130). Testimonios recogidos por García Mouton (2000, 12-21), muestran que de la mujer se esperan ciertos comportamientos lingüísticos que difieren de los que se esperan de los hombres. Así, por ejemplo, San Pablo en la *Primera epístola a los Corintios* obliga a las mujeres a callarse en las asambleas porque "no les está permitido tomar la palabra", es más, "Si quieren aprender algo, pregúntenlo a sus propios maridos en casa", y en su *Primera epístola a Timoteo* ordena que "La mujer oiga la instrucción en silencio, con toda sumisión". Queda claro que la religión ha contribuido a crear unos patrones diferentes para hombres y mujeres en los que estas últimas siempre han quedado relegadas a una situación de inferioridad. Estas ideas se han ido perpetuando a lo largo de la historia y se recogen testimonios como el de Luis Vives, con aportaciones tan controvertidas como: "no parece bien que la mujer (...) hable en público (...). En las reuniones esté, con los ojos bajos, vergonzosa y callada, de forma que la vean algunos, pero no la oiga nadie". Del mismo modo, Fray Luis de León extiende estas ideas en *La perfecta casada,* obra en la que titula uno de sus capítulos: "Cuánto importa que las mujeres no hablen mucho y que sean apacibles y de condición suave". Estas ideas, que se extendieron a lo largo de los siglos y han seguido vigentes, con ciertas variaciones, hasta no hace mucho tiempo, han obligado a las mujeres a mantenerse en un segundo plano en el terreno de la cultura en general y de la lengua en particular. Todo ello ha contribuido a mantener el dominio del hombre sobre la mujer, ya que a ésta se le negaba todo tipo de instrucción. A pesar de ello, hay que resaltar que determinadas mujeres han conseguido desasirse de este trato desigual rompiendo las barreras impuestas por una educación machista, tenemos el destacado caso de Sor Juana Inés de la Cruz.

Después de los ejemplos aducidos, podemos intuir cuáles son los rasgos estereotípicos que se les han asignado a las mujeres tradicionalmente (García Mouton, 2000: 61- 64). Se dice que la mujer habla mucho; dice banalidades, no conversa, sino que "charla"; interrumpe constantemente; es "marisabidilla"; es chismosa y mentirosa; manipula a través del lenguaje. Así pues, como estas supuestas conductas lingüísticas son inadecuadas según los patrones de la sociedad, a las mujeres se les educa desde niñas para que respeten las siguientes pautas: hablar poco; hablar bien; hablar de forma agradable; no ordenar, sino sugerir; no gritar; mantener una apariencia infantil; no interrumpir, colaborar en la conversación; sonreír y no discutir; no opinar; y no preguntar directamente. Por otro lado, de los hombres se espera que: hablen con firmeza; sean afirmativos; den ellos las órdenes; hablen los primeros; usen "voz de hombre"; y, si la ocasión lo requiere, pueden hablar rudamente. Todos estos prejuicios y estereotipos les son impuestos a cada uno de los géneros, tanto a los hombres como a las mujeres; no obstante, es evidente que las mujeres salen peor paradas en la asignación de estos patrones.

Junto a todo lo dicho, también debemos señalar las diferencias en cuanto al léxico y determinadas expresiones que siguen corroborando esta visión social de desigualdad lingüística entre los dos géneros. Como desarrolla Suzanne Romaine en un apartado que titula acertadamente "¿Lenguaje a medida del varón?" (1996: 130-142), desde posturas feministas se arguye que la mujer sale perjudicada, en lo lingüístico, frecuentemente. Algunos de los ejemplos más llamativos son los siguientes: en parejas de términos marcados por el género, el correlato femenino adquiere connotaciones negativas (*sir* es un título, pero *madam* es la que regenta un prostíbulo; en español no es lo mismo *zorro/zorra, cortesano/cortesana,* etc.,); tanto en inglés como en español existen muchos más términos para referirse a la promiscuidad de la mujer que a la del hombre (por ejemplo en el *Diccionario* de Casares aparecen 85 sinónimos de prostituta en español); en los modelos de análisis lingüístico se utiliza como categoría semántica la de *macho* y no la de *hembra* (las mujeres pertenecen a la categoría de *–macho*); referencias a la mujer tan extendidas como "la señora de..." o "nena", indican su posición inferior a la del hombre; el femenino en muchas lenguas, como el español, se forma sobre la base del masculino (*actor/actress; pintor/pintora; doctor/ doctora*; etc.,) y así la mujer es la que está marcada frente al varón; etc. Todos estos rasgos señalados, sobre todo, por posturas feministas, nos hacen plantearnos hasta qué punto la sociedad influye en la lengua o la lengua puede influir en la sociedad.

Por otro lado, Pilar Gacía Mouton señala una serie de características a las que llama, como hemos anunciado antes, *marcas de habla,* utilizando una terminología acuñada por Philip M. Smith. No estamos tratando ya de estereotipos sociales sino de rasgos lingüísticos reales que tienen que ver tanto con lo fisiológico (timbre, el tono, la potencia de la voz), como con lo cultural. García Mouton (2000:

66-81) apunta, en primer lugar, las *diferencias en la pronunciación*. En cuanto a esta cuestión, se dice que la mujer tiene un timbre de voz más agudo que el del hombre. Sin embargo, se nos plantea la pregunta de cuánto tiene esto de rasgo biológico y cuánto de cultural, ya que la sociedad habría contribuido en gran parte a conformar este rasgo en las mujeres, puesto que en muchas culturas es una marca de femineidad. Sin embargo, otros han señalado que contribuye a crear una imagen de debilidad de la mujer. Según Suzanne Romaine (1996: 128, 129), para explicar las diferencias de tono debemos recurrir a factores sociales ya que, por ejemplo, los varones polacos tienen un tono más agudo que los varones estadounidenses. De tal afirmación se deduce que las personas pueden aprender a usar niveles tonales diferentes a los que les corresponderían según sus características biológicas. Romaine nos pone el ejemplo de Margaret Tatcher, cuya voz femenina fue considerada un obstáculo para su imagen pública. Y es que muchas mujeres han sido excluidas de diversas parcelas profesionales (periodismo, política, etc.,) por la supuesta falta de autoridad de su voz. Junto a esto, algunos autores de la tradición culta como Covarrubias en su *Tesoro de la Lengua Castellana* (1611) o la Real Academia en el *Diccionario de Autoridades*, sostienen que existen diferencias genéticas en la pronunciación, por ejemplo, de la letra "a" (las mujeres la pronunciarían como una "e", porque se lamentan de Adán y Eva). Sin embargo, hoy en día se descartan estas creencias por considerarlas carentes de fundamento.

Siguiendo la exposición de las marcas de habla a las que alude García Mouton, continúa refiriéndose a las *diferencias "adquiridas" en la pronunciación.* Según éstas, la mujer se aproxima más a la norma que el hombre ya que, generalmente, no omite tantos sonidos como él. Tenemos testimonios muy antiguos en los que se deja claro que las mujeres debían pronunciar bien, como por ejemplo *Grammaire de Dames*, publicada en 1777 en París. Asimismo, se sabe que, en castellano, algunas mujeres adoptaban conscientemente el seseo porque se consideraba un rasgo dulce que recordaba al habla infantil. En Madrid, por ejemplo, las jóvenes y las mujeres de clase social medio-alta suelen relajar las vocales átonas, presentan una nasalización exagerada y una tensión marcada de las implosiva final. A pesar de que estos rasgos se han ido atenuando, se han considerado durante mucho tiempo como marcas típicamente femeninas. Del mismo modo, se incluyó hace unos años el mantenimiento de la *d* intervocálica, entre estos rasgos femeninos, sin embargo, hoy en día sabemos que esta pronunciación se ha ido perdiendo, sobre todo en la realización de *–ado* como *–áo*. Hay que tener en cuenta, como apunta Mª Antonia Martín Zorraquino, que en los lugares donde la pronunciación dialectal tiene más prestigio que estos rasgos a los que hemos aludido, las mujeres suelen incorporar los rasgos de mayor prestigio social (García Mouton, 2000: 69, 70). Cuando se refiere al concepto de *prestigio* aplicado al habla de las mujeres, Humberto López Morales (2004: 127-130) coincide en decirnos que las mujeres valoran más las variantes más prestigiosas de su sociedad, y no sólo en lo concerniente a la pronunciación. Para ello, se apoya en un principio formulado por Labov: "En una estratificación sociolingüística estable, los hombres usan formas no estándares con mayor frecuencia que las mujeres". Del mismo modo, López Morales señala que estas diferencias lingüísticas tienen un trasfondo social y cultural, ya que, "así como se espera que la conducta social de las mujeres sea más correcta, también su habla debe serlo". Según estudiosos como Chambers y Trudgill en su obra *Dialectology* (1980), consideran que todo esto se debe a la necesidad en la que se ve la mujer de marcar su estatus social mediante el lenguaje, ya que la sociedad no le permite, en general, hacerlo de otra manera. Es decir, según esta opinión, compartida por Romaine (1996: 147), la mujer emplearía los fenómenos lingüísticos más prestigiosos para ostentar una superioridad que le ha sido negada en otros ámbitos de su vida.

Siguiendo con otras diferencias entre el habla de los dos géneros apuntadas por Pilar García Mouton, esta autora afirma que existen determinadas palabras más usadas por mujeres que por hombres. La causa de este hecho sería la atención que la mujer presta a la lengua. Por ejemplo, en algunas zonas de Madrid, se consideran palabras femeninas: *"bonito, mono, ideal, divino, lindo"*, que los hombres tienden a evitar. De la misma manera, se observan especializaciones por campos de interés en el léxico, como el de las telas o los colores, tradicionalmente femeninos. Los estereotipos también han marcado algunos empleos de un léxico infantil o infantilizado por parte las mujeres: *papi, mami, papaíto, mamaíta,* etc. En relación con estos ejemplos, el empleo del diminutivo es un rasgo, en muchos casos exclusivo del lenguaje femenino, que llega a ser incluso exagerado. Algunos han buscado las causas en el hecho de que la mujer tradicionalmente haya pasado más tiempo con niños, pero quizás se deba en mayor grado al empleo de una función afectiva del lenguaje, que busca la implicación del oyente. No obstante, sería necesario un estudio más profundo, ya que los ejemplos a los que se alude para afirmar el uso del diminutivo se extraen de la literatura. Paralelamente, también se ha señalado un mayor empleo de los intensivos: el superlativo, la partícula *tan,* el adverbio *terriblemente,* prefijos *super-, hiper-,* muy propios también del lenguaje infantil. Otros rasgos serían el uso de: vocativos cariñosos (*cariño, mi vida, mi alma, cielo, nena, hija*); exclamaciones casi caricaturescas del habla femenina y otras con contenido religioso (*¡No me digas!; ¡Dios mío!; ¡Dios mediante!; ¡Virgen santísima!*).

Otros rasgos muy curiosos son los relacionados con las diferentes estrategias que emplean en el *discurso* hombres y mujeres. Por ejemplo, se ha dicho que es propio en el discurso de la mujer utilizar la *captatio benevolentiae,* es decir, utilizar excusas previas para que se admita el hecho de que una mujer intervenga: *Yo de esto no sé mucho, pero a mí me parece que...; No sé qué pensarás tú, pero yo creo que...;* etc. Y expresiones similares: *Es así como feo; Yo casi que me voy a ir;...* Robin Lakoff realizó un estudio sobre estas expresiones ya que se interpretaron como un síntoma de sumisión social, y la conclusión a la que llegó es que no se puede afirmar con rotundidad que las usen más las mujeres que los hombres. Además, lejos de ser un signo de inseguridad o debilidad por parte de las mujeres, se pueden interpretar como un intento de implicar al oyente en la conversación, es decir, "cumplen un papel cortés de solidaridad conversacional" (García Mouton, 2000: 75). Desde una perspectiva más cercana a la pragmática, como la de Deborah Tannen (1996), se ha estudiado el discurso de la mujer frente al del hombre y se ha llegado a conclusiones contrarias a las que sostiene la creencia popular, como por ejemplo: no es cierto el tópico de que la mujer interrumpe constantemente a los demás; tampoco lo son los que sostienen que la mujer habla por hablar, que empieza frases y no las termina porque no piensa antes de hablar; etc. Gracias a investigaciones recientes se han podido desestimar todas estas falsas creencias, ya que, en realidad, en la mayoría de los casos estos rasgos que se han asignado al discurso femenino, responderían a un intento por parte de la mujer de ser más cooperativa y de buscar un espacio en un mundo tradicionalmente dominado por los hombres. Es más, en los estudios más recientes la mujer sale mejor parada que el hombre, porque de tales investigaciones se extrae la conclusión de que ella suele ser más cooperativa, cortés y negociadora que el varón.

4. El género en el discurso. Perspectiva pragmática

En cuanto a los *temas* que predominan en las conversaciones propias de cada género, está comprobado que no coinciden en general. Los estudios de disponibilidad léxica, demuestran que los hombres prefieren hablar de "deportes, de trabajo, de coches o de mujeres, mientras que las mujeres pueden preferir (...) la familia, el trabajo, la casa, la ropa, los amigos y los hombres" (García Mouton, 2000: 71). Las causas de estas diferencias hay que buscarlas, de nuevo, en la educación y en el reparto de unos patrones culturales distintos para hombres y para mujeres. Romaine (1996: 150, 151) añade que en las conversaciones exclusivamente de mujeres es frecuente hablar de un mismo tema durante más tiempo frente a los hombres, que hablan de varios temas dedicando menos tiempo a cada uno de ellos, cuestión en la que coincide Deborah Tannen en *Género y discurso* (1996: 128, 129). Esta autora, nos muestra estudios muy interesantes desde una perspectiva más cercana a la pragmática. Concretamente, en el capítulo tercero de la obra citada ofrece la exposición de un estudio realizado con niños desde segundo curso hasta la edad adulta, divididos por franjas de edad y por sexos. Después de mostrar este magnífico trabajo, extrae unas conclusiones realmente reveladoras: las niñas y las mujeres tienen más facilidad para elegir temas de qué hablar y para mantener una cohesión temática. Es decir, durante un mismo periodo de tiempo, hablan de menos temas que los varones y les cuesta menos "romper el hielo". Junto a esto, los temas de conversación en los que se centran suelen ser, según Tannen, preocupaciones personales y específicas. En cuanto a ellos, los más jóvenes dedicaban menos fragmentos de conversación para cada uno de los temas que trataban y, además, expresaban constantemente su inquietud por encontrar algo que hacer. Conforme avanzaban en edad, los varones iban dedicando más tiempo a cada tema, si bien lo hacían de una forma más impersonal y abstracta que las niñas y las mujeres. Junto a esto también se pudo observar cómo los hombres se enfrentaban directamente entre ellos si tenían alguna queja del otro, mientras que las mujeres se quejaban indirectamente de relaciones con otras personas que no estaban presentes. Tannen también estudia la postura que adquieren los sujetos estudiados en las diferentes conversaciones por sexos.

Las conclusiones que se extraen de este punto se pueden sintetizar en varias ideas: las niñas presentan una mayor proximidad entre ellas y mantienen más contacto visual, mientras que los niños y los hombres son menos firmes en su actitud física, no existe tanto acercamiento postural ni se miran tanto entre sí. De las conexiones entre postura y tema, Tannen concluye que la idea de que las niñas y las mujeres son más "comprometidas" que los niños y los hombres no se corrobora en este estudio, ya que, como hemos dicho, las niñas presentan quejas de personas que no están en ese momento con ellas, mientras que los niños expresan sus quejas de manera directa al amigo que está presente y, por lo tanto, estarían más "comprometidos" entre sí. Así pues, este tipo de estudios es muy útil y necesario para desechar ciertos prejuicios existentes sobre el habla de hombres y mujeres en el discurso.

5. Conclusiones

Para terminar, después de todo lo expuesto, debemos añadir que los rasgos presentados sobre el habla de cada uno de los géneros son conclusiones extraídas de diferentes estudios en el campo de la sociolingüística y la pragmática, y que es muy complicado deslindar en este terreno lo que es producto de los *estereotipos sociales* y aquello que realmente corresponde a *marcas de habla*. Ante toda la información referida en el presente trabajo, nos vemos impulsados a realizarnos varias preguntas: ¿Es el lenguaje, en sus rasgos tildados de sexistas, culpable en cierta medida de la desigualdad social? O, por el contrario, ¿la sociedad es la culpable de crear una serie de estereotipos que influyen en la lengua y su uso, dejando a la mujer en el lugar más desfavorecido? ¿Sería necesario, por tanto, adaptar el lenguaje a los nuevos tiempos? Dejo estas cuestiones, y otras tantas que nos puedan surgir, en el aire para que las reflexionemos. Y es que se trata de un tema tan apasionante como controvertido, que, en cualquier caso, presenta una difícil solución.

6. Bibliografía

GARCÍA MOUTON, P., *Cómo hablan las mujeres*. Madrid: Arco Libros, 2000.

LÓPEZ MORALES, H., *Sociolingüística*. Madrid: Gredos, 2004.

ROMAINE, S., *El lenguaje en la sociedad. Una introducción a la sociolingüística*. Barcelona: Ariel, 1996.

TANNEN, D., *Género y discurso*. Barcelona: Paidós, 1996.

EL ROMANÍ

0. Introducción

Este estudio tiene como objetivo principal reconstruir la consideración histórica que ha existido y sigue existiendo sobre la lengua romaní, concretamente sobre su variedad española, también denominada *caló*. Para ello nos basaremos en el estudio, análisis y comentario de cuatro artículos que versan sobre este tema. Realizaremos un recorrido sobre los contenidos más importantes que ofrecen cada uno de ellos, mediante los cuales podremos trazar los rasgos generales de esta lengua y sus variedades; su surgimiento y su evolución a lo largo de la historia; el concepto de lengua mixta aplicado a este tipo de lenguas y dialectos; y para terminar, aplicaremos todas estas consideraciones a la variedad romaní hispánica o caló. La metodología que seguiremos consistirá en la presentación de una recensión de cada uno de los artículos a los que nos iremos refiriendo, trazando una línea que se desarrollará desde las cuestiones más generales a las más concretas.

1. El caló y otras variedades romanís: "Notes on the genesis of caló and other iberian para-romaní varieties", Peter Bakker

En este riguroso artículo de Bakker, se realiza un estudio del caló y del resto de variedades que él denomina *"Iberian Romani"* habladas en la Península Ibérica. Decimos que es un estudio riguroso desde el punto de vista lingüístico. Los datos que ofrece y en los que se apoya para defender sus teorías son fundamentalmente lingüísticos, como podremos comprobar a continuación. La línea argumental que sigue tiene una estructura muy clara y es la que aquí vamos a conservar.

En primer lugar nos referiremos a los dialectos mixtos o mezclados, desde un punto de vista más general. Con respecto a esto, debemos tener en cuenta que existen más o menos diez variedades del romaní, pero que han perdido su sistema gramatical de origen, ya que lo han sustituido por la morfosintaxis de la lengua dominante del lugar en el que se han asentado sus hablantes. Es decir, conservan el vocabulario romaní, pero su fonología, morfología y sintaxis no son romanís. Por ello, como apunta Bakker, el término que acuña Marcel Cortiade es el de *lenguas pararromanís*. El debate sobre el origen de estas lenguas todavía sigue abierto y ha dado pie a numerosas teorías. Por suerte, las lenguas pararromanís de España están relativamente bien documentadas, ya que hay bastantes estudios y vocabularios publicados sobre ellas. Este es uno de los aspectos que, según Bakker, aumenta el interés del estudio sobre esta variedad lingüística, ya que ninguna otra lengua pararromaní está documentada a lo largo de dos o tres siglos. Junto a esto, también resulta interesante frente a otras lenguas, ya que el caló posee recursos enigmáticos para ocultar el significado de sus palabras y expresiones frente a los "extranjeros". Por otro lado, también es destacable el hecho de posea un sistema gramatical español (concretamente el andaluz) y, así como el que existan otras variedades en la Península que deriven del contacto con las diferentes lenguas: catalán, portugués y vasco. Todas estas variedades peninsulares comparten entre ellas algunas particularidades léxicas que no comparten otras variedades del romaní.

Pasemos a comentar los factores históricos de los gitanos en la Península Ibérica. Los primeros gitanos llegaron a la Península Ibérica en las décadas iniciales del siglo XIV. Como apunta el autor, la primera referencia de la que tenemos constancia data de 1425, cuando a un grupo de gitanos se le concedió un salvoconducto de Aragón a Asturias. Desde entonces han tenido una presencia constante en la península. Actualmente, hay aproximadamente, entre 300000 y 700000 gitanos que viven tanto en las áreas urbanas como en las rurales, constituyendo grandes núcleos de población en Madrid y Andalucía. Para todos ellos la lengua predominante es el español, particularmente el dialecto andaluz y, aunque muchos de ellos saben palabras en caló, incluso los más viejos no saben más de entre cincuenta a cien palabras. Por lo tanto, podemos deducir que se trata de una lengua en desuso y todo apunta a su próxima desaparición.

El romaní, como otras lenguas, se compone de dialectos, pero no hay una única clasificación aceptada por todos los estudiosos sobre la materia. En general, Bakker señala que los distintos tipos de clasificaciones se basan en tres factores:

a) palabras heredadas de las lenguas indias y persas;

b) rasgos gramaticales compartidos y diferentes;

c) principales lenguas como fuente de préstamos.

Si atendemos a una clasificación basada en el léxico, el caló y otros dialectos ibéricos han sido clasificados de forma diferente. Muchos investigadores (como Kaufman, Kenrik, Boretzky,...) clasifican el romaní ibérico como algo relativamente aislado del resto de los dialectos romanís. Parece, pues, que se trata de una rama históricamente separada de otros dialectos, como por ejemplo los del norte o los de los Balcanes.

Por otro lado, Bakker deja claro que el caló no es una mezcla espontánea entre el romaní y el español. Esto se puede observar en las particularidades que presenta con respecto a los dialectos por los que se ve influido. En primer lugar, señala que el componente español del caló no es el estándar ordinario sino el dialecto andaluz, y esto ocurre no sólo en Andalucía sino también en Madrid. Rasgos andaluces como la pérdida de consonantes finales, yeísmo, ceceo, seseo, confusión de /l/ y /r/; etc., nos hacen pensar que el caló surge e Andalucía y que de ahí se va extendiendo a otros lugares. Así, por ejemplo, el romaní catalán muestra unos rasgos fonológicos más conservadores, independientes del castellano.

Por lo que respecta a la **fonología**, es española y todas las palabras romanís están adaptadas a la fonología andaluza. Esto quiere decir que los fonemas romanís que no existen en español se han perdido en caló, por ejemplo, la ausencia en caló de las pausas aspiradas. Uno de los aspectos que sí hereda del romaní es el del acento, ya que las palabras del caló suelen ser agudas. Asimismo, estudios recientes defienden que el caló y el castellano difieren en el modo de formar y distribuir las letras y fonemas. De cualquier modo, lo que se sostiene claramente en este artículo es que el caló no es simplemente una versión agitanada del castellano.

En cuanto a la **morfología**, el caló presenta afijos derivativos españoles (*-ico, -ito, -ísimo, -mente, a-, en-, de-, des-,...*) y una flexión propia del español. Sin embargo, también conserva algunos rasgos morfológicos del romaní como el sufijo *-pen; -i* (femenino); *-o* (masculino); etc. El caló usa dativos o genitivos con función de sujeto y esto es agramatical en romaní. Y junto a esto, existen otros rasgos particulares y distintivos del caló, como por ejemplo, la adición del interfijo *-el-* en algunos verbos para denotar una acción más intensiva.

En lo concerniente al **léxico**, según McLaine, el 68% de los términos considerados caló por los gitanos de Guadix y otras partes de España son de origen romaní, mientras que el 22% tienen un origen español, muchos de ellos distorsionados. Sin embargo, Bakker también encuentra palabras en caló del estrato preeuropeo presentes en todos los dialectos romanís: armenio, persa, griego, eslavo, etc.

En general, el léxico caló tiene una procedencia muy variada: voces en común con el sindi y dialectos anglorromanís; palabras tomadas de la germanía; vocablos procedentes del griego; arabismos; léxico de origen desconocido.

Al referirnos al **orden de las palabras**, diremos que es igual que en español. A todo esto hay que añadir que el caló presenta como principales **innovaciones**:

a) la formación de nuevos topónimos para llamar, de manera ininteligible para los no gitanos, a los lugares en los que se asientan y

b) lo que Bakker llama *"cryptolalic formations"*. Estas últimas no se limitan a los topónimos sino que van más allá y es un procedimiento muy común en las lenguas secretas (*marzo* > *loriazo*).

Como hemos apuntado anteriormente, el caló no es el único dialecto pararromaní de la Península Ibérica, ya que tenemos un dialecto relacionado con el vasco, otro con el catalán y otro con el portugués. En todos ellos el léxico es romaní y la gramática es la propia del lugar en el que se encuentran. Debemos apuntar que el romaní hablado en Portugal presenta rasgos lingüísticos propios del caló (andaluz), ya que se supone que los gitanos de Portugal se habrían desplazado desde Andalucía. Una de las cuestiones que hacen considerar estas variedades romanís de forma independiente al resto es el empleo de los casos en los pronombres: el caló (español y portugués) usa el dativo y en ocasiones el locativo; el caló vasco usa el nominativo; el caló brasileño emplea el comitativo. Después de lo dicho, parece lógico preguntarse si los hablantes que han perdido el sistema gramatical romaní podrían adoptar un sistema gramatical diferente cuando se desplazan a una región distinta.

Hay cuatro puntos que Bakker resalta al hablar de las funciones sociales del caló. Por un lado se considera un lenguaje secreto. En segundo lugar y, a diferencia de otros dialectos romanís, era conocido muy bien por muchos no gitanos, como apunta Merrill McLane. En tercer lugar, se ha dicho que ha estado casi extinguido desde mediados del siglo XVIII. Por último, tiene una fuerte interacción con los lenguajes secretos, como las germanías, ya que parece que las dos lenguas fueron usadas en situaciones similares en las mismas circunstancias y se influyeron mutuamente. Junto a todas estas consideraciones, hay que tener en cuenta que, como cualquier lengua, el caló está sujeto a la variabilidad en el espacio y en el tiempo.

Las primeras documentaciones sobre el romaní ibérico, según Bakker, datan de 1608, año en el que P. Martín Delrío dice en su *Disquisitionum Magicarum* que "el lenguaje de los gitanos fue inventado por ellos para reemplazar su lengua nativa, que habían olvidado". Pero, las dos fuentes, propiamente dichas, más tempranas del caló son:

a) Lengua egipcyaca; y más propio: Guirigay de Gitanos, una lista anónima del siglo XVII publicada por John M. Hill en 1921. Contiene sesenta y una palabras, casi todas ellas claramente romanís. Aunque no muestra frases, está claro que ya ha perdido la flexión romaní. A pesar de eso, todavía conserva algunos morfemas gramaticales de dicha lengua. Por lo tanto, si esta lista es realmente del siglo XVII, significa que en esta época ya habría variedades completamente hispanizadas.

b) Bright, 1818. Recoge 150 palabras y 25 frases que aparecen compiladas en un apéndice. Este material no lo recopila él mismo, sino que lo recibe de uno de sus amigos. En la lista de palabras se puede observar que muchos nombres plurales terminan en *–s* y los verbos en *–ar*. Así pues, no hay duda de que en 1818 el caló era ya una lengua mixta (español y romaní).

Por lo que respecta al origen del caló, Bakker se remonta al debate sobre el estudio del anglorromaní y el escandorromaní encabezado principalmente por dos investigadores: Kenrick (1979) y Hancock (1992). Este último cree que el anglorromaní fue creado conscientemente por los gitanos en el siglo XVI y que coexistió con el romaní durante mucho tiempo. Por otro lado, Hancock considera que la evolución corresponde a un desarrollo gradual en el que cada vez más elementos del inglés se fueron integrando en el romaní. Pero una tercera hipótesis encabezada por Boretzky e Igla (1994) sostiene que las generaciones más jóvenes irían cambiando su lengua por la lengua dominante, mientras que los mayores conservarían el léxico romaní. A estas cuestiones nos referiremos de nuevo en el último punto al tratar el artículo de Ignasi-Xavier Adiego.

Algunos de los rasgos distintivos del caló que se deben tener en cuenta, según expone Bakker, son los siguientes: los gitanos de la península han estado asentados durante muchas centurias; los elementos españoles muestran rasgos arcaicos; casi en 1609 está ya documentado que van a perder su propia lengua; en la fuente más temprana del romaní ibérico, el lenguaje está completamente hispanizado y esta fuente contenía ya léxico de germanía; del mismo modo, la germanía del siglo XVII contiene palabras en caló; esta lengua fue también conocida por algunos no gitanos. Podemos decir que no hay ninguna evidencia para fundamentar totalmente alguna de las hipótesis expuestas. De todos modos, parece acertado pensar en un origen temprano (siglo XVI) del romaní hispánico, considerando el conservacionismo de sus hablantes. Después de esta perspectiva eminentemente lingüista, pasemos, pues, a unas consideraciones historicistas, las realizadas por Margarita Torrione.

2. Perspectiva histórica: "El gitano-español: de la etiqueta germanesca a la catalogación lingüística (siglos XV-XVIII)" (1991), y "Pasado e identidad de la lengua gitana en España (testimonios anteriores a George Borrow)" (1995), Margarita Torrione

Hemos agrupado el comentario de estos dos artículos de la misma autora ya que, conjuntamente, se muestran, desde una perspectiva predominantemente historicista, diversas consideraciones sobre el caló y la cultura de los gitanos en general. En este caso, por lo tanto, no tendremos únicamente un punto de vista lingüístico, sino que observaremos opiniones sobre el caló desde muy diferentes perspectivas que han tenido lugar a lo largo de la historia. Ya que esto es así, nuestra exposición tratará de seguir un orden cronológico para dejar claros los puntos que se defienden en los dos artículos de Margarita Torrione.

En primer lugar, los gitanos entran por el nordeste de la Península Ibérica en la primera mitad del siglo XV, como anteriormente hemos apuntado. Proceden de las comarcas balcánicas que fueron invadidas por los turcos en la segunda mitad del siglo XIV, aunque ellos aducen que proceden de Egipto o de "Egipto menor". Los textos españoles más antiguos sobre los gitanos sugieren una doble tipología: una más meridional y sedentaria y otra más oriental y nómada. Pedro Salazar de Mendoza en un memorial de 1618 diferencia entre los "Egipcianos", holgazanes dedicados al hurto, según él, y los "Grecianos", que se dedican a la herrería y al engaño con palabras. Sin embargo, estas diferenciaciones entre unos y otros fueron difuminándose con el tiempo.

Los aspectos que caracterizan a los gitanos son "su lengua, su traje y su estilo de vida". El primero de ellos, su lengua, puramente oral, es su seña de identidad por encima de todas, y estará perseguida a lo largo de siglos por la autoridad imperante de distintos modos. Sobre su origen se ha dicho y escrito mucho, y no todo ello siempre ha sido cierto. En un principio, "dicen ser peregrinos que van por el mundo purgando un pecado de apostasía" y huyendo de los turcos. Puesto que vienen en calidad de peregrinos, tienen derecho a una limosna oficial en las ciudades a las que acuden. Sin embargo, en muchas ocasiones son expulsados de los diferentes lugares que visitan. Como se les considera extranjeros ("egipcianos" o "grecianos"), se les permite utilizar una lengua diferente, no obstante, conforme se va imponiendo la idea de que su lengua es inventada para enmascarar sus tramas y sus hurtos, se comenzará a perseguir no sólo a sus usuarios legítimos sino a todas aquellas personas que utilicen esta lengua, así como sus costumbres. Se dice de ellos que hablan "jerigonza" y se les relaciona con las lenguas de germanías, propias de los grupos marginales. Este término de "jerigonza" no se limitaba solamente al lenguaje sino también a todo un modo de comportamiento típico de los rufianes y delincuentes.

En 1538, el rey Juan III de Portugal prohíbe que los gitanos entren en sus señoríos. Y en 1539, en una ley promulgada por Carlos I, se expresa el malestar que provocan los "egipcianos". A lo largo del siglo XVI esta visión negativa de los gitanos se irá imponiendo, se les considera un grupo con costumbres asociales. Así pues, desde su llegada en la primera mitad del siglo XV hasta el primer tercio del siglo XVII, los gitanos pasan de ser un mero pueblo de extranjeros nómadas a ser considerados como un grupo de delincuentes que incomoda en la sociedad. La política llevada a cabo hacia ellos varía según los monarcas: los Reyes Católicos son partidarios de la expulsión de los gitanos, mientras que otros, como por ejemplo Felipe IV, creen más adecuada una reclusión-asimilación, de manera que se les obligue a enmendar sus costumbres de acuerdo con la sociedad. De todos modos, esta visión del gitano estaba plagada de tópicos y no se correspondía en la mayoría de los casos con la realidad.

Algunos de los primeros textos que realizan referencias a los gitanos son los culpables de que esta concepción negativa se extendiera, sobre todo con respecto a su lengua como algo artificial. Por ejemplo tenemos: *Cosmographia Universalis* publicada por el teólogo y geógrafo alemán Sebastián Münster en 1544; *El estudioso cortesano*, de Lorenzo Palmireno, publicada en 1573; *Didascalia multiplex* (1605), de Francisco Fernández de Córdoba; *Discurso contra los Gitanos* (1631), de Juan de Quiñones. Algunos de estos escritos antigitanos, y otros que no hemos citado, inciden en la idea de que no se nace gitano, sino que es un modo de vida que se va adquiriendo. Por esta razón, las leyes que los monarcas van imponiendo, como en 1633 Felipe IV, tienen como objetivo enmendar las costumbres y hábitos de los gitanos. Así pues, se les prohíbe el traje, la lengua y su forma de vida en general. A este respecto, hay que tener en cuenta que en esta época de la que estamos hablando, se consideraba gitano a todo aquel que lo parecía externamente, y su imagen y habla se identificaba con la de los mendigos y bandoleros. Por lo que concierne a su lengua, los autores de los Siglos de Oro señalan como rasgo distintivo de los gitanos, el ceceo y el cierre de la *o* en *u*. Sin embargo, no se ofrecen datos más específicos sobre su lengua y, aunque se consideraba una lengua cercana a la germanesca, no se incluye ninguna voz gitana en el *Bocabulario de*

Germanía de Juan Hidalgo (1609). El único manuscrito sobre el habla de los gitanos en el siglo XVII es *Lengua Egipciaca, y más propio guirigay de Jitanos,* publicado en 1921 por John M. Hill. Esta obra, a la que anteriormente nos hemos referido y que Torrione señala como una de las más importantes anteriores a Borrow, muestra 61 registros de los cuales sólo cuatro son jergales y los demás son puramente romanís. Todo esto no significa que los gitanos no conocieran el habla de germanía, ya que tenían contacto con otros grupos marginales, pero esto no quiere decir que llegaran a tener unas relaciones estrechas con ellos. En 1610 Sebastián de Covarrubias en su *Tesoro de la Lengua Castellana o Española,* sugiere la dualidad de su lengua: utilizarían, por un lado, una lengua artificial cercana a la germanía y llamada popularmente *"gerigonça"*; y, por otro lado, emplearían una lengua privativa de los gitanos, más hermética, extranjera, que "tira a la esclavona".

Hasta mediados del siglo XVIII en Europa se cree que la lengua de los gitanos no proviene de ninguna familia lingüística sino que es una lengua artificial. Los primeros que hablan de su origen indostánico, entre 1782 y 1785, son dos alemanes, Rüdiguer y Grellmann, y dos británicos, Bryant y Marsden. El más amplio muestreo de voces gitanas y también el más difundido de la época es el que recoge la obra de Grellmann, *Historische Versuch über die Zigeuner*. En España, es el Padre Lorenzo Hervás y Panduro, en su *Catálogo de las lenguas y las naciones conocidas* (1800-1805), el primero en referirse al posible origen indostánico de la lengua de los gitanos. A pesar de esto, este autor todavía hereda alguno de los prejuicios que imperaban hasta el momento, ya que sostiene que los gitanos perdieron su lengua originaria cuando se establecieron en España y pasaron a hablar la lengua propia de los ladrones. Pero, aunque se sigan sosteniendo estas ideas, lo que sí que es cierto es que, gracias a estos autores, se difunden teorías más certeras sobre el origen de la lengua de los gitanos.

Otra de las obras fundamentales anteriores a Borrow es un vocabulario temático publicado en 1818, *State of the Gipsies of Spain in 1817*. Se sabe que está escrita por un viajero británico que residió un año en España y del que no conocemos su identidad, lo único que sabemos es que era amigo de

Richard Bright, quien en su obra *Travels from Viena trough Lower Hungary,* incluyó el documento de su amigo junto a un léxico de 160 voces gitano-germanescas que Bright compara con otras de los gitanos ingleses y húngaros. La obra interesa sobre todo por la información sobre los gitanos más que por el vocabulario que propone. Lo más probable es que Borrow la conociera en profundidad.

En la segunda mitad del siglo XIX, como hemos anunciado, destaca la figura del británico George Borrow con sus obras *The Zincali* y *The Bible in Spain*. Aunque *The Zincali* es una obra fundamental, la primera fuente impresa del gitano de España, ha sido criticada por el hecho de que al autor le interesó más la cantidad de información que su calidad, ya que utilizó todas las fuentes que tuvo a su alcance (tanto gitanos como aficionados) y, por consiguiente, sus errores y sus aciertos fueron heredados por autores posteriores. Y es que, a partir de 1841 proliferaron en toda España diccionarios gitanos (como el de Enrique Trujillo en 1844, *Vocabulario del Dialecto Gitano*) que, en la mayoría de los casos eran meras copias de los contenidos de *The Zincali* de Borrow.

En cuanto a las consideraciones que en el siglo XIX realizaban algunos filólogos (Pott; Miklosich, por ejemplo) sobre el caló, se decía que era prácticamente una jerga alejada del tronco común de otras familias gitanas de Europa y constituía una de las variantes más deterioradas por contacto con la lengua dominante. Así pues, su marginación continúa en los siglos XIX y XX. Es en 1896, cuando el penalista Rafael Salillas publica *El delincuente español: el lenguaje (estudio filológico, psicológico y sociológico)*, donde se reconoce de manera científica la independencia del grupo gitano y su habla con respecto a los grupos marginales y delincuentes.

Frente a todos estos datos, Margarita Torrione se pregunta si es posible que durante prácticamente todo el siglo XIX ningún estudioso español se interesara por la comunidad gitana. Y, efectivamente, ha conseguido demostrar que no es así, ya que al menos dos estudiosos se han dedicado a estos asuntos: el arabista José Antonio Conde (1765-1820) y el erudito Luis de Usoz y Río (1805-1865). Ambos escribieron diccionarios de gitano que no llegaron a ser publicados, sino que se conservaron en la Biblioteca Nacional de Madrid y la

Real Academia de la Historia hasta que Torrione los descubrió. Se trata de un hallazgo de capital importancia ya que contienen abundante material y, lo que es más importante, bien documentado y fundamentado. El diccionario de Usoz, de 1836, contiene 1268 entradas alfabéticas y numerosas etimologías sánscritas, persas y griegas. El de Conde, es el trabajo lexicográfico más antiguo y denso de España sobre el caló. Este trabajo no presenta rasgos ni voces de germanía y conserva algunos casos flexivos de origen indostánico y persa. Torrione resalta, para finalizar, una frase con la que Conde comienza el preámbulo de su diccionario, en la que niega que el habla de los gitanos sea sólo "*gerigonza*". Consideramos que es una aportación muy interesante si tenemos en cuenta que corresponde a principios del siglo XIX. Asimismo, el gitano-español que recoge Conde conserva aún, en formas lexicalizadas, la marca de antiguas flexiones, sufijación del vocativo, genitivo y dativo, arcaísmos, etc. Torrione entresaca de la obra de Conde, algunos rasgos lingüísticos de la lengua de los gitanos, como por ejemplo:

a) regularidad desinencial de los géneros en sustantivos y adjetivos;

b) pervivencia de la conjunción copulativa *ta,* el adverbio de negación *na, ne,* etc.;

c) abundancia de verbos, sinonimia verbal y pervivencia de formas verbales primitivas; d) pervivencia del vocativo romaní en fórmulas exclamativas;

e) pervivencia del genitivo singular y plural en formas sustantivas lexicalizadas;

f) vitalidad de algunas formas adverbiales puramente romanís;

g) abundancia de formas compuestas representando nombres propios;

h) pervivencia de algunos dichos gitanos.

Después de presentar toda esta evolución histórica de la documentación sobre el caló, pasaremos a las consideraciones que realiza Adiego sobre el caló catalán y español, como lenguas mixtas.

3. El romaní ibérico como lengua mixta: "*Del Romaní comú als calós ibèrics*" (2003), Ignasi-Xavier Adiego

En la recensión de este artículo, vamos a comentar la reflexión que realiza el autor sobre la lengua romaní y sus variedades catalana y española, a las que considera lenguas mixtas. Para ello, comenzaremos de lo más general a lo más particular, siendo fieles a la exposición que Adiego realiza.

El pueblo gitano (*rrom, sinti, kaló,..*) comparte el mismo vocabulario y, en muchos casos, las mismas características morfosintácticas. Esto se debe a su origen común: el romaní es una de las lenguas indoeuropeas neoindias que derivan de los dialectos prácritos, que a su vez proceden del sánscrito. Pero el romaní, aunque emparentada con lenguas como el hindi, bengalí, etc., no se habla en la India ya que no permaneció ningún hablante de romaní después de su partida entre los siglos XIV y XV.

Como sabemos, se ha discutido mucho sobre el lugar de origen de los gitanos. Algunos, como Turner, lo han relacionado en sus inicios con los dialectos del centro de la India (hindi, por ejemplo). Posteriormente, los hablantes de romaní, se desplazarían hacia el noroeste del país (250 a. C.), donde permanecieron largo tiempo. Esta es la razón de que el romaní no comparta todas las innovaciones con los dialectos centrales. De ahí partieron a Persia, donde, según Sampson, se dividirían en dos grupos: *phen* y *ben*. El primero estaría constituido por el romaní europeo y el lomavren, mientras que el segundo estaría formado por el domari. Por lo tanto, lomavren (gitano armenio) y domari (gitano asiático) serían lenguas hermanas del romaní (gitano europeo), y a su vez, las tres procederían de una lengua protogitana con origen sánscrito.

Según apunta Adiego, al estudiar el léxico del romaní, podemos averiguar el recorrido que hicieron los gitanos por Europa ya que podemos estudiar sus distintas capas como si se tratase de una cebolla. El núcleo sería el sánscrito y en las capas intermedias se encontrarían voces iraníes, armenias, del sur del Cáucaso y griegas. Estos préstamos son comunes en todos los dialectos, mientras que a partir de aquí los préstamos cambian según el recorrido que ha realizado cada pueblo. Lo que está claro es que no aparecen arabismos ni palabras turcas en el léxico común, por lo que sabemos que abandonaron oriente antes de su islamización y que no permanecieron en Asia Menor después de la llegada de los turcos.

Una de las clasificaciones dialectales del romaní que se han realizado es la geográfica, en la que se dividen los dialectos en: valaquio, balcánico, central y septentrional. En el último estaría situado el iberorromaní, marcado como lengua mixta, entre otros. En este artículo se critica el carácter enormemente heterogéneo que tiene el grupo septentrional. La siguiente subdivisión que se nos ofrece es la de dialectos puros y dialectos mixtos. Los primeros se caracterizan por conservar la morfosintaxis del romaní común, mientras que los mixtos reemplazan la morfosintaxis del romaní común por la de la lengua dominante del lugar en el que se asienten, y conservan el léxico romaní. Este tipo de lenguas mixtas plantean varios problemas.

Para empezar, algunos lingüistas creen que los dialectos mixtos no son romanís, esto explicaría el empleo del término "pararromaní". Por otro lado, se plantea el problema del origen, es decir, cómo se ha pasado de una lengua romaní pura a una mixta es una cuestión que no se ha resuelto aunque hay diferentes hipótesis al respecto, señaladas ya por Bakker. Una de las hipótesis es la considerada más tradicional, en la que la lengua mixta sería el resultado del proceso de desaparición de las lenguas, por tanto, se verían como "lenguas degradadas" del romaní más puro. Sin embargo, aparece una dificultad para aceptar esta hipótesis, y es que el proceso de "muerte de una lengua" conlleva la sustitución del vocabulario y la permanencia de la morfosintaxis, en cambio, en estas lenguas habría ocurrido justo lo contrario. Otra hipótesis, opuesta a la tradicional, defiende que la lengua mixta sería el resultado de una creación consciente por parte de los gitanos que hablan romaní puro y de los no gitanos que hablan argot (germanía en España). Sin embargo esta hipótesis también presenta problemas y es que en las zonas donde se han desarrollado los dialectos romanís mixtos y el argot, ambas variedades han coexistido con unos rasgos muy diferenciados. Además, en el caso de la germanía castellana no vemos elementos romanís. Por último, tenemos algunas hipótesis intermedias como la de Boretzky e Igla, llamada la "hipótesis de la media vuelta", la cual sostiene que el surgimiento de las lenguas mixtas habría tenido lugar en el momento en que la lengua romaní pura todavía era hablada por los mayores, sin embargo, la generación más joven iría sustituyéndola, eso sí, conservando el vocabulario. No existe unanimidad a la hora de decantarse por una hipótesis u otra, lo que parece seguro es que ninguna de las dos primeras, más extremas, serían acertadas. Los puntos siguientes, continuando esta línea que va de lo más general a lo más concreto, se centran ya en el caló catalán y en el caló español.

Para empezar a hablar de las particularidades del caló catalán, haremos referencia a la escasez pero fiabilidad de la documentación que existe sobre esta variedad lingüística. La primera documentación que se encuentra corresponde a la primera mitad del siglo XIX, que reunió el gitanólogo Frederick George Ackerley a principios del siglo XX.

De este conjunto de documentos, los más valiosos corresponden a unos artículos de Jaubert de Réart. La segunda fase de documentación pertenece a la segunda mitad del siglo XIX y, en este caso, la aportación la realiza Víctor de Rochas, que, en gran medida, reproduce la obra de Jaubert. El tercer bloque de documentación está constituido por los materiales recopilados por Julio Vallmitjana i Colominas (1873-1937), quien retrató en sus teatros y novelas a los gitanos y, además, publicó un vocabulario caló-catalán. Sin embargo, desde Vallmitjana hasta hoy no hay ninguna documentación hasta la publicación en 2001 de Escudero y Adiego en la revista "I Tchatchipén".

Teniendo en cuenta toda la información que proporcionan los documentos a los que nos hemos referido, se puede trazar la siguiente evolución:

a) en los años 30 del siglo XIX sólo se ha perdido la flexión de los casos en los sustantivos, mientras que la flexión pronominal y verbal persisten;

b) a principios del siglo XX, la flexión verbal ya se ha reemplazado y se debilita la flexión pronominal, se mantienen las desinencias romanís del plural y se sustituyen los artículos romanís por los catalanes;

c) actualmente la morfosintaxis es totalmente catalana, sólo resiste la distinción entre masculino y femenino (*-ó*/*-í*, respectivamente).

Todos estos rasgos no descartan la idea de que durante años pudieran haber convivido el dialecto puro y el mixto, prevaleciendo finalmente el mixto. Podría ser posible, de igual manera, que el caló catalán fuera una catalanización del caló español. Adiego se decanta sin embargo, por la opción del cambio paulatino, que le parece la más acertada.

Pasemos, pues, al caló español, en el que la documentación es mucho más abundante, pero menos fiable. El autor señala dos causas principales de esta ausencia de fiabilidad de las fuentes. En primer lugar señala la "afición a Sevilla" desde finales del siglo XVIII a principios del XIX, lo que se llama "flamenquismo", que consiste en copiar las maneras de hablar y costumbres de los gitanos. Esto tiene como consecuencia la creación de una lengua totalmente artificial, que era incomprensible para los mismos gitanos y da lugar, por ejemplo a formaciones híbridas. La otra causa señalada por Adiego es la documentación perteneciente a George Borrow, al que ya nos hemos referido más arriba. Este autor recogió material tanto de gitanos como de "aficionados" para crear su primera gran obra *The Zincali* (1841), así pues no todos los datos que presentaba eran fiables y sin embargo, fue el material que más se usó para la elaboración de diccionarios posteriores de caló español. De tal manera que se perpetuaron sus errores, como ocurre en él, ya mencionado, diccionario de Trujillo (1844). Podemos decir que hasta la obra de Adolfo Coelho, *Os ciganos de Portugal* (1892), no encontramos una obra rigurosa sobre el caló español.

Afortunadamente, el panorama ha ido cambiando en los últimos años gracias al conocimiento de algunas obras clave que ya había señalado Margarita Torrione en sus dos artículos aquí estudiados:

a) el apéndice sobre los gitanos que publica Richard Bright en *Travels from Vienna through Lower Hungary* (1818);

b) *Vocabulario de la lengua ethigitana de José Antonio Conde,* publicado por Torrione en 1988, cuyo caló se parece al caló catalán de Vallmitjana de principios del siglo XX. Gracias a la obra de Conde, según Adiego, podemos cuestionar todos los materiales de Borrow y de la "afición".

Para terminar, si establecemos una comparación entre el caló catalán y el español, podemos apreciar que a principios del siglo XIX el caló español presentaba un grado de penetración superior de la morfosintaxis que el que presentaba el caló catalán de la misma época. Podríamos aplicar la explicación gradualista, sin embargo esta visión está seriamente cuestionada por la obra *Lengua egipciaca; y más propio: Guirigay de gitanos,* ya que datando del siglo XVII muestra un caló mucho más próximo al de hoy en día que al de Conde. Frente a esto nos podríamos preguntar si no estamos poniendo en la misma línea evolutiva una documentación heterogénea. Por lo que respecta a la situación actual del caló español y catalán, parece evidente que se encuentran en un proceso de desaparición, ya que se está perdiendo incluso el vocabulario más básico, sobre todo entre los jóvenes.

4. Conclusiones

Después de todo lo expuesto, podemos decir que hemos trazado una panorámica del romaní, lengua de los gitanos, desde lo más general a lo más particular, como anunciamos ya en la introducción. Gracias al contenido que presentan estos cuatro artículos en los que hemos basado este estudio, hemos podido conocer tanto los tópicos como las verdades de la comunidad gitana y su habla; su origen y evolución a lo largo de los siglos; la documentación, fiable y no fiable, que existe sobre ellos; las características lingüísticas del romaní en general y del caló en particular; así como la caracterización de este tipo de lenguas como lenguas mixtas.

Concluiremos diciendo que la labor de investigación realizada durante los últimos años por todos los lingüistas e investigadores en general sobre esta lengua, es fundamental. Se ha dado un impulso de capital importancia a los estudios del romaní hispánico en los últimos tiempos gracias a la recuperación y publicación de documentos desconocidos hasta ahora, así como a la revisión de determinadas fuentes que podrían no ser fiables, como hemos visto. Todo ello hace posible la eliminación de tópicos erróneos extendidos hasta hace relativamente poco tiempo sobre los gitanos y su lengua. Del mismo modo, también podemos decir que queda todavía mucho terreno por estudiar y cuestiones que deben ser aclaradas, como por ejemplo, la problemática que plantea el origen del romaní y su evolución como lengua mixta.

5. Bibliografía

BAKKER, Peter, "Notes on the Genesis of Caló and other Iberian Para-Romaní Varieties." En Yaron Matras (ed.), *Romani in Contact*, pp.126-147. Amsterdam: John Benjamins Publishing Company, 1995.

TORRIONE, Margarita, "El gitano-español de la etiqueta germanesca a la catalogación lingüística (siglos XV-XVIII)", *Hablar y dejar hablar : (sobre racismo y xenofobia).* -- Madrid : Universidad Autónoma de Madrid, D.L. / coord. por Luisa Martín Rojo, pp. 95-112; 1991.

TORRIONE, Margarita, "Pasado e identidad de la lengua gitana en España (Testimonios anteriores a George Borrow)". *I Congreso Nacional: Los Gitanos en la Historia y en la Cultura.* Granada (nov. 1993).

ADIEGO LAJARA, Ignasi-Xavier, *"Del Romaní comú als calós ibèrics"*. Llengua & Literatura: revista anual de la Societat Catalana de Llengua i Literatura, pp. 211-236; 2004.

HISTORIA DEL CULTISMO *ADAMANTINO*

0. Introducción

El presente trabajo se basa en el estudio lexicográfico del cultismo ***adamantino***. En primer lugar, partiremos de la documentación textual, información que nos proporcionan el CORDE[1] y el CREA[2]; continuaremos con la documentación lexicográfica de la palabra, apartado en el que hablaremos de su etimología y de la evolución de su significado que recoge la Real Academia en el *Nuevo Tesoro Lexicográfico de la Lengua Española*[3]; para finalizar, valoraremos todos los datos obtenidos a partir de las distintas fuentes que nos hayan proporcionado información sobre la palabra. Comencemos, pues, con la documentación textual.

---

[1] REAL ACADEMIA ESPAÑOLA: Banco de datos (CORDE) [en línea]. *Corpus diacrónico del español.* <http://www.rae.es> [03/06/09]

[2] REAL ACADEMIA ESPAÑOLA: Banco de datos (CREA) [en línea]. *Corpus de referencia del español actual.* <http://www.rae.es> [03/06/09]

[3] REAL ACADEMIA ESPAÑOLA: *Nuevo Tesoro Lexicográfico de la Lengua Española* [en línea]. <http://www.rae.es> [04/06/09]

1. Documentación textual

Nos referiremos, primeramente, a la documentación en el CORDE, posteriormente a la del CREA y, por último hablaremos de la continuidad textual que tiene el término después de haber estudiado su aparición en ambos corpus.

El CORDE recoge 149 casos en los que aparece el cultismo *adamantino* en 29 documentos. La primera documentación está fechada cerca del 1500 y corresponde a un texto anónimo titulado *Selva de epíctetos,* publicado en España por Julia Castillo, Editora Nacional (Madrid), en 1980. Este es el fragmento en el que aparece el término *adamantino,* que resaltamos en negrita:

"Tiene dios visto aquello, que a de subçeder en los mortales lo qual siendo por dios probeido aconteçera necesariamente segun los fines aquelas propias ynclinaciones dicha o desdichas traen a los hombres. Se ponen los siguientes Epictectos, ynexsorable, cruel, misero, sordo, ynçierto, ympio, emulo, graue, abariento, soliçito, lacrimoso, crudo, festinante / o que seda priesa, duro, miserable, dañador, iniquo, perseguidor, sangriento, orrido, aninguno mudable, amenaçador, pregonero, negro, sin / opinión, açerbo, triste, subito, ynsuperable, oculto, ynutil, singloria, escondido, dudoso, negador, pestifero, vivaz, ambiçioso, çiego, torpe, aspero, lloroso, amenaçador, ynbidioso, ynebitable, codicioso, orrendo, ambibo, maligno, violento, ynplacable, feroz, poderoso, terrible, perfido, sordo, ferreo, profetico, atroz, secreto, engañador, sidereo, çeler, funereo / de mortuorio, perniçioso, misçico, lamentable, **adamantino**, siniestro, funesto, ynstable, engañador"

Como vemos, aparece en una enumeración de epítetos y el rasgo semántico que tienen en común es la connotación negativa que todos poseen. De esto se deduce que la palabra *adamantino* en aquella época tenía un matiz peyorativo, puesto que los términos que aparecen en la enumeración comparten ese rasgo.

En cuanto a las posteriores documentaciones de la palabra, debemos resaltar varias cuestiones. Por un lado, se usa con distintas acepciones y la más abundante es aquella que resalta la dureza y fortaleza de aquel sustantivo al que acompaña, normalmente de forma metafórica. Así, tenemos ejemplos relacionados con el campo semántico de la *guerra*:

—"pecho **adamantino**" (c 1550 - c 1570) Anónimo, *Poesías [Cancionerillos de Praga]*

—"Quis Martem tunica tectum **adamantina**" (1574) Sánchez de las Brozas, Francisco; *Comentarios a Garcilaso.*

—"Quis Martem tunica tectum **adamantina**" (1580) Herrera, Fernando de; *Comentarios a Garcilaso.*

—"Marte di tunica coperto **adamantina**. Lo cual es del epíteto de Homero" (1580) Herrera, Fernando de; *Comentarios a Garcilaso.*

—"Soldados de valor ***adamantino***" (1589) Castellanos, Juan de; *Elegías de varones ilustres de Indias.*

Aparece también en textos pertenecientes a la *temática religiosa y mística,* normalmente asociado a palabras como "pechos" o "corazones", para resaltar la dureza y frialdad de las personas, por lo tanto continuamos con un significado metafórico que coincide con el señalado por las diferentes ediciones del DRAE:

—"funes fortissimi et quaedam ***adamantina,*** quibus attrahitur animus" (1607) Ángeles, Fray Juan de los; *Consideraciones sobre el Cantar de los Cantares.*

—"pechos ***adamantinos*** rinde Dios con dádivas" c 1610 - c 1612 San Juan Bautista de la Concepción; *Exhortaciones a la perseverancia.*

Observamos, asimismo, apariciones relacionadas con el *esmalte dental,* por ejemplo en un texto de Santiago de la Villa y Martín, de 1881 titulado: *Exterior de los principales animales domésticos y particu-*

larmente del caballo, en el que se habla del "esmalte *adamantino*" de los dientes del caballo.

Pero el campo semántico en el que aparece la palabra, que más nos llama la atención, es el de la *geología, mineralogía y metalurgia.* Existen muestras muy abundantes desde 1856, año en el que se documenta el primer uso con esta acepción más literal. Es curioso como en este contexto de uso el adjetivo se asocia de manera sistemática con los sustantivos "brillo" y "lustre", llegando a constituir lo que podríamos considerar una colocación. Veamos algunas muestras:

—En 1856, *Tratado teórico práctico de metalurgia* de Sáez de Montoya, tenemos varios ejemplos: "**brillo *adamantino***" y "**lustre *adamantino***", este último en dos ocasiones.

—En 1927, *Mineralogía* de Fernández Navarro, es el que más destaca, ya que recoge en 109 casos el término *adamantino* acompañando, casi la totalidad de las veces, a los sustantivos "brillo" y "lustre". Es el texto en el que aparece en más ocasiones este cultismo. Veamos algunos ejemplos extraídos de esta obra:

a) "Sulfoarsénido de plata () en cristales monoclínicos. Color rojo anaranjado y **brillo *adamantino***. Se la ha encontrado en las dolomías de Leugenbach (Binnenthal, Suiza)."

b) "Sulfoarsénido de la fórmula que se presenta en cristalitos prismáticos rómbicos con muchas facetas, de color rojo escarlata y **brillo *adamantino***, en las dolomías de Binnenthal"

c) "Anhidrido titánico () rómbico, que se presenta en cristalillos tabulares, pardo-amarillentos o rojizos, con **brillo *adamantino***."

d) "Oxicloruro de plomo (), seudo-tetragonal. Cristalitos tabulares con crucero básico, poco frecuentes. Generalmente masas laminares de color amarillo y **lustre *adamantino*** o perlado, traslucientes, de color amarillo claro"

e) "Schwartzembergita. Es una combinación de yoduro de plomo con oxiclórido del mismo metal, de fórmula. Formas rómbicas de aspecto tetragonal. Costras o pequeñas drusas cristalinas de color amarillo y **lustre *adamantino***, sobre las galenas de Paposo (Atacama), Sierra Gorda (Perú), etc."

—De 1957 a 1974 la palabra aparece documentada en libros de texto de Ciencias Naturales de 5º de Bachillerato (plan de 1957): "**brillo *adamantino***".

Así pues, podemos concluir que se trata de una colocación que abunda en los textos de carácter científico especializados en geología y mineralogía.

En cuanto al CREA, sólo aparecen recogidos 6 casos en 4 documentos. Los dos primeros, corresponden a la novela de Fernando Sánchez Dragó de 1990 *El camino del corazón* y el significado que ofrecen es el de 'dureza':

—"hercúleo y ***adamantino*** bálano de roca viva"

—"clara razón y fuerza ***adamantina***"

Los tres siguientes documentos son exámenes de 1992, en los que se habla del "brillo ***adaman-***

tino" de los minerales. El último caso corresponde al *ABC Cultural* del 12 de enero de 1996, texto que recoge la expresión: "gemas adamantinas", con significado metafórico, ya que el término en cuestión se refiere a las "opiniones":

"Su autobiografía es interesante, según Peters, por lo que calla, opinión que parece llevar el agua a su molino, pero auque Peters revela más que Lou, porque conversó con conocidos de ella que le dieron abundante información, lo más interesante de su libro son las propias **opiniones** de Lou, esparcidas como **gemas *adamantinas*** por el libro de Peters, que se lee como una apasionante novela-verdad. Uno de esos libros que cuesta dejar de lado. Luis RACIONERO"

Si nos centramos en la continuidad que ha tenido la palabra *adamantino* en los textos a lo largo de la historia, señalaremos que desde 1500 hasta 1612 aparece con cierta regularidad en los textos comprendidos entre estas fechas. Sin embargo, desde una obra de San Juan Bautista de la Concepción de 1612, no tenemos ninguna aparición documentada hasta 1772, año en el que José Cadalso recoge un texto en ingles en *Los eruditos a la violeta*:

> "Hurl'd headlong flaming from th' ethereal sky
>
> with hideous ruin and combustion, down
>
> to bottomless perdition; there to dwell
>
> in ***adamantine*** chains and penal fire,
>
> who durst defy th' Omnipotent to arms."

Es decir, durante 160 años, más de un siglo y medio, no tenemos documentación de la palabra en el CORDE y, curiosamente en 1772 aparece la palabra en lengua inglesa y sólo una vez. Así pues, si no tenemos en cuenta esta aparición o la consideramos más bien como un caso aislado y esporádico, podríamos decir que hasta 1856 no se vuelve a documentar la palabra. Es decir, sin tener en cuenta el texto en inglés de Cadalso, la palabra habría desaparecido durante 244 años, casi dos siglos y medio, y cuando resurge, lo hace en un contexto muy diferente al del siglo XVII, ya que en 1856 aparece en el *Tratado teórico-práctico de metalurgia*, de Constantino

Sáez de Montoya, asociado al sustantivo "brillo". Pasa de tener un uso exclusivamente literario en los siglos XVI y XVII, a reaparecer en el siglo XIX en un texto sobre metalurgia.

A partir de esta fecha se retoma el uso del cultismo en textos tanto literarios como no literarios. Pero será en 1927 cuando se prolifere la documentación de su uso en una obra de geología titulada, como hemos señalado anteriormente, *Mineralogía*, de Lucas Fernández Navarro. Junto a este tipo de textos, también lo tenemos en otros de diversa temática, como, por ejemplo, de antropología: *Método y base humana*, de Luis Cencillo en 1973.

Después de todo lo expuesto, debemos resaltar el carácter heterogéneo de los textos en los que se documenta este cultismo, ya que, lejos de predominar en textos poéticos, es en otro tipo de textos donde lo encontramos de modo más abundante: ensayos, tratados, libros de texto, exámenes, etc.,

2. Documentación lexicográfica

Para comenzar, nos referiremos a la etimología que encontramos en el diccionario de *Gaffiot*[4], que es la siguiente:

> **ădămantēus,** *a, um,* Ov. *M. 7, 104* et **ădămantĭnus,** *a, um,* Hor. *O. 1, 6, 7,* d'acier, dur comme l'acier.

Por lo tanto, su significado etimológico latino es 'de acero, duro como el acero'. No tendría otro significado en su origen y coincide con los primeros textos documentados, y con la mayoría de los textos en general, que contienen la palabra *adamantino* con un significado de dureza y fortaleza. Teniendo en cuenta este significado originario, pasemos a ver cómo aparece en las diferentes ediciones del *Diccionario de la Real Academia* recopiladas en el *Tesoro Lexicográfico de la Lengua Española,* comen-

[4]GAFFIOT, FELIX: Gran Dictionaire Latin/Français: Le Grand Gaffiot [en línea] <http://www.dicfro.org/index.php>. [02/06/09]

zando con la primera documentación del *Diccionario de Autoridades*, que data de 1770:

[5]

> DAMANTINO, NA. adj. (Poet.) Lo mismo que diamantino. MESA Nav. de Tolos. canto. 6. oct. 45.
>
> *Las armas* (*dice él*) *de* adamantino *temple.................*

Esta definición, como vemos, nos da información sobre la categoría gramatical de la palabra, se trata de un adjetivo; añade que es un término de uso poético; nos remite a la definición de un sinónimo, *diamantino*; y, además, nos pone un ejemplo extraído de un poema sobre la batalla de las Navas de Tolosa, en el que el adjetivo complementa a "las armas", por lo tanto, dentro del campo semántico de la guerra. El hecho de que nos remita a otra entrada, nos hace pensar que el término preferente sería *diamantino* frente a *adamantino*, ya que el pri-

[5] Consideramos oportuno señalar que el lema que aparece en el Diccionario de Autoridades es "adamantino", pero aquí no aparece la "a" inicial puesto que en la edición online del diccionario, la palabra aparece dividida en dos páginas, de tal manera que sólo es posible copiar esta parte del lema.

mero de estos dos es el que contiene la definición. Si buscamos *diamantino* tenemos:

> DIAMANTINO, NA. adj. Coſa que pertenece à Diamante; pero regularmente ſe uſa deſta voz para explicar la durèza y fortaleza de alguna coſa, tomandola en ſentido metaphórico. Lat. *Adamantinus, a, um.* M. AGRED. tom. 2. num.

Esta definición habla del uso que se le da a la palabra, que coincide con la definición etimológica que nos daba el *Gaffiot*.

Centrándonos en la definición de la palabra que nos ocupa, *adamantino,* si observamos su evolución en las diferentes ediciones del Diccionario de la Academia, vemos que sigue sin ningún cambio hasta la edición de 1803, en la que en realidad, no se añade ningún contenido nuevo sino que se expresa de manera diferente la información relativa a su uso poético y se ha eliminado el ejemplo:

> ADAMANTINO, NA. adj. Lo mismo que DIAMANTINO. Tiene mas uso en la poesia.

En la edición de 1822 ya se limita a remitir a *diamantino* directamente, conservando la referencia al uso:

> ADAMANTINO, NA. adj. DIAMANTINO. Tiene mas uso en la poesía.

En la edición de 1884 vemos cómo cambia el tipo de letra y se añade la información etimológica:

> **Adamantino, na.** (Del lat. *adamantinus*.) adj. **Diamantino.** Ú. m. en poesía.

La definición sigue sin cambios hasta 1927, edición en la que se elimina la referencia etimológica:

> **ADAMANTINO, NA. adj. Diamantino. Ú. m. en poesía.**

Nos llama la atención en la edición de 1933, que es la del *Diccionario Histórico,* en la que se han añadido ejemplos y dentro de esta entrada tenemos dos acepciones. Aparecen, por tanto, novedades relevantes en la definición:

ADAMANTINO. (Del lat. *adamantĭnus;* val. *adamantí.*) adj. Diamantino. Ú. m. en poesía. ¶ «Bien dicen los sabios que deste *adamantino* dolor escribieron que tiene la propriedad del acero en la dureza e crueldad.» *Tragedia Policiana,* ed. NBdeAE, t. 3, p. 13. ¶ «Hasta la puerta de San Jorge estaba el grande y muy *adamantino* batallón de los caballeros alemanes.» Arredondo, *Castillo inexpugn.,* cap. 33. ¶ «Estaba el grande e muy *adamantino* esfuerzo de los caballeros alemanes.» Arcos, *Conq. de Rodas,* lib. 2, cap. 4. ¶ «El pecho, de marfil *adamantino,* \ con dos preciosas perlas orientales.» G. Silvestre, *Obr. poét.,* ed. 1592, f. 382.

2. Relativo al esmalte dental. ¶ «El origen de los dientes se inicia por la formación de una yema exodérmica u órgano *adamantino.*» Arévalo, *Hist. Nat., Biol.,* ed. 1914, p. 241.

Como podemos percibir en el texto, se ha vuelto a añadir la etimología; se sigue remitiendo a *diamantino;* se mantiene la referencia al uso de la palabra en poesía; se ilustra la primera acepción con ejemplos de diferentes textos en los que se ve la palabra en su uso, con significados relativos a la dureza y a la fortaleza; y, se añade una segunda acepción con un contenido totalmente novedoso. En este segundo significado relaciona la palabra con el "esmalte dental" y añade un ejemplo extraído de un texto de Biología. Recordamos que el empleo del término con esta última acepción está documentado en los textos, alguno de los cuales hemos citado anteriormente.

Sin embargo, en la siguiente edición, la de 1936, recupera la definición anterior, perdiendo los ejemplos y la segunda acepción:

> **Adamantino, na.** (Del lat. *adamantinus.*) adj. **Diamantino.** Ú. m. en poesía.

Esta definición se mantiene a lo largo de las siguientes ediciones hasta la vigésimo segunda, de 2001:

> **adamantino, na.**
>
> (Del lat. *adamantĭnus*).
>
> **1.** adj. **diamantino.** U. m. en leng. poét.

Pero esta no es la última definición que nos ofrece el DRAE, puesto que ya está publicada en la red la propuesta de enmienda para la vigésimo tercera edición. Es la siguiente:

> **adamantino, na.**
>
> (Del lat. *adamantĭnus*, infl. en su acentuación por los numerosos adjs. en -ino, y este del gr. ἀδαμάντινος).
>
> **1.** adj. **diamantino.** U. m. en leng. poét.

La novedad de esta definición es la información etimológica que añade; sin embargo, no cambia nada del significado de la palabra, ya que nos sigue remitiendo al sinónimo preferido. Por otro lado, si comprobamos las definiciones de la palabra *diamantino,* a la que nos envía continuamente en todas las ediciones, con pequeñas variaciones, se hace referencia a los matices de dureza y persistencia que posee el significado de este adjetivo, pero prácticamente se mantiene igual en todas ellas. Esta es la última definición de la vigésimo segunda edición del DRAE:

diamantino, na.

1. adj. Perteneciente o relativo al diamante.
2. adj. poét. Duro, persistente, inquebrantable.

3. Conclusiones

La valoración personal que podemos realizar después de todo lo expuesto se resume en varias conclusiones. En primer lugar, por lo que respecta a la **documentación textual** del cultismo ***adamantino***, observamos que tiene un matiz peyorativo en su primera aparición documentada por escrito que, como hemos dicho, es cercana al año 1500. En los siguientes usos del término, vemos que el significado que presenta es el de 'dureza, fortaleza, persistencia' en la mayoría de los textos y, que, además, coincide con las definiciones lexicográficas. Los campos semánticos en los que surge el término son varios: la guerra, la religión, la biología, geología, etc. Llama la atención su abundante uso dentro del campo de la mineralogía, en el que el cultismo forma una colocación con los sustantivos "brillo" y "lustre". Por otro lado, debemos señalar la heterogeneidad de los textos en los que aparece, ya que, no predomina en textos poéticos, sino que es en otro tipo de textos donde lo encontramos de modo más abundante: ensayos, tratados, libros de texto, exámenes, etc., En cuanto a la continuidad textual, el término surge en torno al 1500 y resalta la ausencia de documentación desde el siglo XVII, concretamente desde 1610 – 1612, hasta el siglo XIX, 1856. En las primeras muestras, la palabra *adamantino* se encuentra adscrita a un uso exclusivamente literario, mientras que a partir del año 1856, aparece tanto en todo tipo de textos, literarios y no literarios, como ya hemos puntado.

Por lo que respecta a la **documentación lexicográfica**, ya desde la definición etimológica se alude al significado de 'dureza y fortaleza'. Además, el denominador común de todas las definiciones que proporcionan las diferentes ediciones del *Diccionario de la Real Academia* es el de remitir a otro término sinónimo: *diamantino*. Éste es el que contiene la definición, ya que sería el término preferido. Todas las definiciones se mantienen más o menos constantes, con pequeñas variaciones sin importancia excepto la definición de 1933, del *Diccionario Histórico,* en la que, además de incluir ejemplos, añade una nueva acepción del término en la que lo relaciona con el esmalte dental. Sin embargo, esta definición más extensa sólo aparece en esta edición, ya que en las siguientes hasta hoy se ha vuelto a la definición anterior, mucho más escueta.

Con esta exposición hemos podido observar, basándonos en las distintas fuentes citadas, la evolución del significado de la palabra a lo largo de su historia, los campos semánticos en los que ha sido más habitual, así como su continuidad y los contextos de uso más relevantes en los que aparece el cultismo ***adamantino***.

4. Bibliografía

GAFFIOT, FELIX: *Gran Dictionaire Latin/Français: Le Grand Gaffiot* <http://www.dicfro.org/index.php>. [02/06/09]

REAL ACADEMIA ESPAÑOLA: Banco de datos (CORDE) [en línea]. *Corpus diacrónico del español.* <http://www.rae.es> [03/06/09]

REAL ACADEMIA ESPAÑOLA: Banco de datos (CREA) [en línea]. *Corpus de referencia del español actual.* <http://www.rae.es> [03/06/09]

REAL ACADEMIA ESPAÑOLA: *Nuevo Tesoro Lexicográfico de la Lengua Española* [en línea]. <http://www.rae.es> [04/06/09]

Made in United States
Troutdale, OR
11/03/2026

56844627R00060